Lass dir Zeit zum Leben

von Anna Johannsen

A wie Ausgeglichenheit

Innere Balance verhilft dir zu Wohlbefinden und Ruhe. Wenn das Gefühl entsteht, im Trubel des Alltags aus dem Gleichgewicht zu geraten, brauchen Seele und Körper Zeit, die Ausgeglichenheit wiederzufinden. Eine kleine Pause, ein ruhiger Abend tragen dazu bei, neue Energie zu sammeln.

Das Leben liebt das Gleichgewicht.

deutsches Sprichwort

B wie Basis der Ruhe

Ob wir uns hetzen lassen oder in Ruhe die Aufgaben des Tages angehen, ist unsere freie Entscheidung. Lass dich nicht anstecken von der Hektik ringsum, bleibe gelassen und heiter. So bestimmst du deine Laune selbst; eine gute Basis für mehr Wohlbehagen.

Der Mensch besitzt nichts Edleres
und Kostbareres als die Zeit.

Ludwig van Beethoven

C wie Chance für dich

Das Leben ist voller Möglichkeiten. Was heute nicht zusammenzupassen scheint, eröffnet dir vielleicht morgen schon ganz neue Perspektiven. Lass den Dingen Zeit, sich zu entwickeln und entdecke die Chancen, die darin stecken.

Die Zeit verwandelt uns nicht,
sie entfaltet uns nur.

Max Frisch

D wie Dinge abwägen

Nur nichts überstürzen! Gute Entscheidungen brauchen Zeit. Wenn alles gründlich erwogen ist und auch auf das Bauchgefühl gehört wurde, kann man entscheiden. Und dazu stehen, sich selbst und anderen gegenüber.

Die Zeit ordnet viele Dinge.

Pierre Corneille

E *wie Entdeckungen*

Das Tempo verlangsamen, seinen Blick ändern,
die Wahrnehmung auf Zeitlupe stellen. Augenblicke
genau beobachten und richtig auskosten, wie der
Körper sich dabei entspannt. Man kann Erstaunliches
entdecken, wenn man ein wenig länger verweilt.

Alle Weisheit ist langsam.

Christian Morgenstern

F wie *faul sein*

Bleib hin und wieder auf dem Sofa sitzen und vergiss das schlechte Gewissen. Wer sich nicht ein wenig Zeit zum Nichtstun gönnt, hat bald keine Kraft mehr für den Fleiß. So ein richtig fauler Tag zu Hause ist manchmal entspannender als eine Woche Urlaub in der Ferne.

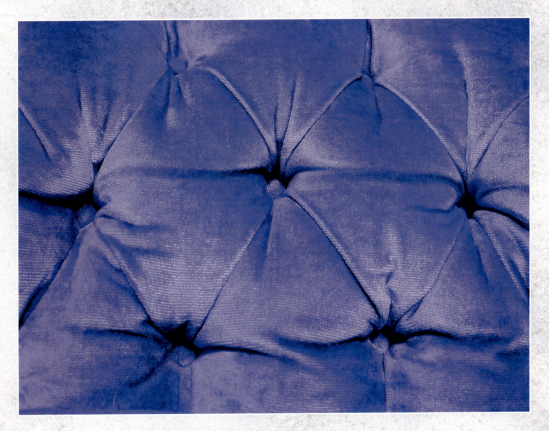

Um es sich bequem zu machen,
sollte man niemals zu faul sein.

Sprichwort

H wie hier und jetzt

Der herrliche Urlaub ist leider vorbei? Und erstmal
kein neuer in Sicht? Nicht traurig sein. Bewahre
seine wunderbaren Momente in der Erinnerung.
Wenn es mal wieder drunter und drüber geht,
einfach die Augen schließen, tief atmen und die
Erholung erneuern.

Alle Erinnerung ist Gegenwart.

Novalis

I *wie* Intuition

Eigentlich möchtest du eine kleine Auszeit nehmen,
hast aber zu viel zu tun? Folge deinem Gefühl!
Wenn Körper und Seele eine Streicheleinheit
brauchen, darfst du sie dir auch gönnen.
Und diese Wohlfühlmomente genießen.

Der gegenwärtige Augenblick ist stets voll unendlicher Schätze.

Jean Pierre de Caussade

J wie Jahreszeiten

Endlich Frühling, jetzt erwachen deine Kräfte?
Oder fühlst du dich am wohlsten, wenn es etwas
kühler wird? Jeder Mensch hat seine Zeit im Jahr,
mit der er besonders verbunden ist. Welche genießt
du am meisten?

Alles ist gut zu seiner Zeit.

aus Italien

K *wie* *kleiner Tipp*

Wenn du dir schon morgens Gedanken machst,
was du heute schaffen willst, verläuft der Tag gleich
viel entspannter. Mit einem solchen Wegweiser
verliert man keine Zeit damit zu überlegen, was als
nächstes zu tun ist. Man folgt einfach den Notizen.
Ein echter Gewinn.

Kein Tag hat genug Zeit, aber jeden Tag
sollten wir uns genug Zeit nehmen.

unbekannt

L wie Lebensfreude

Glücklich ist bekanntlich, wer andere glücklich macht. Etwas Aufmerksamkeit, ein wenig Zeit, die wir unseren Mitmenschen schenken, kommt garantiert zu uns zurück. In Form von viel positiver Energie und Lebensfreude.

Erhelle das Morgen mit dem Heute.

Elisabeth Barrett Browning

M wie mein Abend

Nimm dir nicht zu viel für einen Tag vor. Es gibt auch
unvorhergesehene Aufgaben, die Zeit beanspruchen.
Nur wenn die Planung nicht zu eng war, hat man
schließlich geschafft, was man wollte. Und Zufrie-
denheit ist der perfekte Start in einen erholsamen
Feierabend.

Arbeit und Ruhe gehören zusammen
wie Auge und Lid.

Rabindranath Tagore

N wie Natur genießen

Wie beruhigend ist der Blick auf das Meer. Wie gut
tut es, dem Gezwitscher der Vögel zu lauschen.
Unsere Seele kann in der Natur wunderbar
entspannen. Die Zeit für kleine Streifzüge sollten
wir uns hin und wieder nehmen.

Die Zeit ist selbst ein Element.

J. W. von Goethe

O wie Oase der Zeit

Unser Leben ist eingeteilt in Minuten, Stunden, Tage. Lauter nüchterne Zahlen. Legen wir doch unsere Zeiteinheiten selber fest: einen Milchkaffee lang telefonieren, eine CD lang in der Wanne liegen, einen Tagtraum lang Pause machen. Das fühlt sich doch gleich viel besser an.

Die Zeit verlängert sich für alle,
die sie zu nutzen verstehen.

Leonardo da Vinci

P wie *Pause*

Unser Alltag ist oft ganz schön voller Trubel.
Geräusche, Bilder, Licht. Manchmal wird es dir zu
viel? Sorge für Ausgleich! Gezielte Momente der
Ruhe für Augen und Ohren geben der Seele Raum
zum Atmen. Du entspannst wieder.

Wir müssen von Zeit zu Zeit eine Rast einlegen und warten,
bis unsere Seelen uns wieder eingeholt haben.

indianische Weisheit

Q wie Quelle der Freude

Endlich ist das Wochenende da! Doch schon wieder steht so viel auf dem Programm. Weniger ist mehr. Das Wochenende ist zum Erholen da.
Deshalb mach jetzt das, wozu du Lust hast und genieße die freie Zeit in vollen Zügen. Heute sind deine Lieblingsbeschäftigungen dran!

Was ist Freiheit? Freizeit. Was ist Freizeit? Freiheit.

George Bernard Shaw

R wie Ruhepol

Die Zeit ist nicht auf unserer Seite? Immer flieht sie und nichts kann sie aufhalten? So empfinden wir es oft, aber in anderen Teilen der Erde hat man eine ganz andere Zeitauffassung. Dort ist die Geschwindigkeit reduziert, was man heute nicht schafft, kann man auch morgen noch anpacken. Ein wohltuender Gedanke, dass wir daraus lernen können.

Ihr habt die Uhren, wir haben die Zeit.

aus Haiti

S wie Sommerzeit

Die Sommerzeit hat begonnen, und du musst eine
Stunde früher aus den Federn? Ärgere dich nicht,
auf der Welt geht nichts verloren. Am Ende des
Herbstes bekommst du sie wieder zurück. Und wenn
die Winterzeit beginnt, ist eine verlängerte Nacht
im warmen Bett umso willkommener!

Dem Glücklichen schlägt keine Stunde.

Friedrich von Schiller

T wie Tag für Tag

Schlafen, Spielen, Essen, unsere Kindheit bestand
aus vielen kleinen Dingen. Heute bestimmen wir
unseren Tagesablauf natürlich selbst.
Aber mal ehrlich: war es nicht auch ganz wunderbar,
seinen Tagesrhythmus genau zu kennen?
Regelmäßigkeit gibt Geborgenheit, daher sollten wir
uns auch als Erwachsene ein paar Rituale bewahren.

Kleinigkeiten machen die Summe des Lebens aus.

Charles Dickens

U wie *unterwegs zurück*

Sich auf den Weg in die Vergangenheit begeben,
Leute befragen, etwas über sich, seine Gegend,
die Familie erfahren. Auf einer solchen Reise
lernt man, sein eigenes Leben neu zu betrachten.
Vieles relativiert sich, vor allem das Verhältnis zur
Gegenwart. Ein spannendes Abenteuer.

Wer die Vergangenheit liebt, liebt eigentlich das Leben.

Jean Paul

V wie Vertrauen

Auf eine Verabredung mit guten Freunden freut man sich den ganzen Tag. Gute Gespräche, gemeinsame Erinnerungen, vertraute Nähe. Im Kreise unserer Freunde fühlen wir uns wohl. Und haben einfach eine schöne Zeit.

Die Neigung zur Freundschaft entsteht oft plötzlich,
die Freundschaft selbst aber braucht Zeit.

Aristoteles

W wie warten lernen

Wie lange dauert es, bis man die Äpfel eines Baumes pflücken kann, den man gepflanzt hat! Es fällt uns meist schwer, geduldig auf etwas zu warten. Was wir uns wünschen, soll gleich geschehen. Doch sich in Geduld zu üben, schafft innere Harmonie.

Ahme den Gang der Natur nach.
Ihr Geheimnis ist Geduld.

Ralph Waldo Emerson

Z wie Zeit zum Leben

Der Tag ist zu Ende. Endlich. Alles ist erledigt,
nichts mehr, was nicht bis morgen warten könnte.
Ruhe und Wohlbehagen stellen sich ein. Du machst
es dir gemütlich, denkst nach. Was wird die Zukunft
wohl bringen? Sorge dich heute nicht darüber.
Male dir aus, was du dir wünschst. Träumen tut gut.

Nimm dir Zeit zum Träumen.
Das ist der Weg zu den Sternen.

aus Irland

carpe diem

In dieser Reihe sind erschienen:

Lass dir Zeit zum Leben

(ISBN 3-89008-883-X)

Lass es dir gut gehen

(ISBN 3-89008-885-6)

Weil ich dich liebe

(ISBN 3-89008-378-1)

Sei einfach wie du bist

(ISBN 3-89008-884-8)

Idee und Konzept: Groh Verlag. Das Werk einschließlich seiner Teile ist urheberrechtlich geschützt. Jede Verwertung außerhalb der engen Grenzen des Urheberrechtsgesetzes ist ohne Zustimmung des Verlages unzulässig und strafbar. Das gilt insbesondere für Kopien, Einspeicherung und Verarbeitung in elektronischen Systemen.

ISBN 3-89008-883-X
© 2006 Groh Verlag GmbH & Co. KG
www.groh.de

Bildnachweis:
Titel, Rückseite: Getty Images / Hiroshi Higuchi
S. 3: Thomas Grüner
S. 5: IFA / Aberham
S. 7: Roland Gerth
S. 9: Zefa / Erik P.
S. 11: Zefa / Masterfile / J.A. Kraulis
S. 13: Renee Lee
S. 15: Tsu Shi Wong
S. 17: IFA / Time Space
S. 19: Stephen Boks
S. 21: Fabphoto
S. 23: Mauritius / age fotostock
S. 25: Einbo
S. 27: Zefa / G. Logan
S. 29: Roland Gerth
S. 31: Mamie Etherington
S. 33: Zefa / Rose / Mueller / Stock4b
S. 35: Mauritius / age fotostock
S. 37: José Carlos Pereira
S. 39: Mauritius / Botanica
S. 41: Mauritius / age
S. 43: Wilfried Wirth
S. 45: Mauritius / Foodpix
S. 47: Zefa / Masterfile / Brian Sytnyk

Textnachweis:
Wir danken den Autoren bzw. deren Erben, die uns freundlicherweise die Erlaubnis zum Abdruck von Texten erteilt haben sowie dem Suhrkamp Verlag, Frankfurt, für den Text von Max Frisch auf S. 7.